Dessin : **Priscille MAHIEU**
Scénario et couleurs : **Éric LE BRUN**

TICAYOU

Chasseur de la Préhistoire

MILAN
jeunesse

À Louis, le p'tit frère de Ticayou.

DES MÊMES AUTEURS :

AUX ÉDITIONS MILAN

- Ticayou, le petit Cro-Magnon

SUR INTERNET

- La Préhistoire avec Ticayou
http://ticayou.canalblog.com

- Paléos Blog jeunesse
http://pmahieu.canalblog.com

- Paléos Blog
http://elebrun.canalblog.com

Cet ouvrage est imprimé sur du papier fabriqué à base de fibres provenant
de forêts gérées de manière durable et équitable.

Dépôt légal : 3e trimestre 2009
ISBN : 978-2-7459-4053-7
Imprimé en France -n° L50814c
www.editionsmilan.com

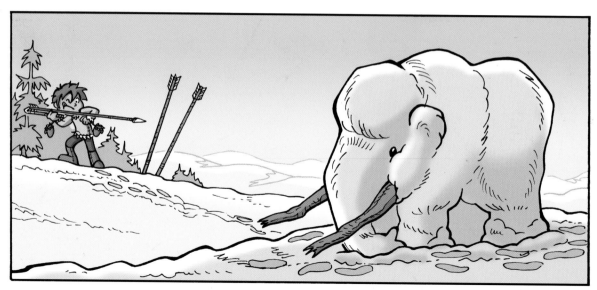

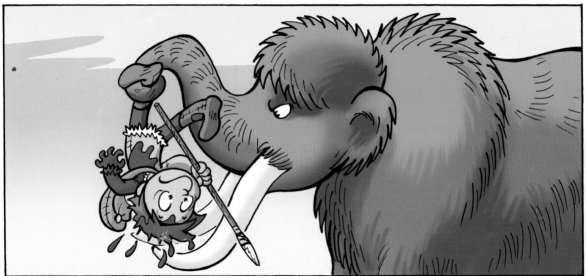

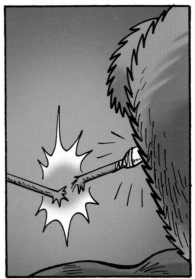

PRISCILLE MAHIEU - ERIC LE BRUN

FIN

Sauras-tu retrouver les 10 animaux cachés dans ce paysage ?